En couverture : Geneviève Desrosiers, au coin des rues Saint-Denis et Duluth à Montréal, février 1991
Photo : Julie Desrosiers

En première page : emblème personnel de l'auteure

En frontispice : *Icône de la joie*, Geneviève Desrosiers, 1990

Troisième édition, troisième tirage.

L'éditeur remercie Denise Boucher, Étienne Lalonde et Hélène Monette pour leur collaboration aux éditions précédentes.
Remerciements particuliers à la famille Desrosiers pour la confiance accordée.

Dépôt légal : Bibliothèque nationale du Québec
Quatrième trimestre 2011

ISBN 978-2-922399-69-1

Nombreux seront nos ennemis

Geneviève Desrosiers

Nombreux seront nos ennemis

L'Oie de Cravan
Montréal – 2016

– *Collection* –
petites pattes à ponts

Présentation

Comment bien parler de ce recueil ? *Muets comme des assassins* : seul le silence accompagne correctement une telle poésie. Alors, dire l'essentiel seulement. Ceci est la troisième édition de *Nombreux seront nos ennemis* : une légende s'est créée autour de ce livre, comme une piste de poudre d'or à peine visible, que l'on ne détecte que sous certaines lumières favorables. Je ne parle pas de rayons de clairs de lune mais d'un certain état intérieur, un frisson de découragement et de confiance, comme une lame sensible qui traverse certains jours et qui nous rend plus disponibles à certains signes. Cette piste, plusieurs personnes ont su la reconnaître, chacun à sa façon, avec ses raisons. Il serait absurde de tenter de la rendre plus visible. Le livre était épuisé, nous le rendons accessible à nouveau. Tout ce que je puis faire, c'est redire la façon dont j'ai personnellement aperçu cette piste. Un jour, par hasard, j'ai lu un poème de Geneviève Desrosiers, j'ai appris sa mort récente, j'ai voulu en savoir plus. Avec l'aide de sa famille nous avons fait un choix, déterré des textes, construit un livre. Il est ici, à notre portée. Avec toute la tristesse de savoir que Geneviève Desrosiers n'est plus et toute la joie de savoir que ses mots et la piste ténue ne sont pas près de s'effacer.

Benoît Chaput

POÈMES

Bienvenue

Bienvenue
mon conquistador, mon frigidaire, mon auréolé, ma marque grise, mon charbon, ma craie blanche, mon irrémédiable, ma colle de charpentier, ma roche,
Bienvenue
mon sémiologue du tout, mon bâton de baseball, ma poque de hockey, mon gardien de tous les buts, mon billard à huit trous, mon infini absurde, mes beaux yeux bleus,
Bienvenue
mon givre d'été, mon hibou sur les toits, mon un et demi, mon char à trois roues, mon abstraction lyrique, ma poésie fangeuse, mon noir éclairé, mon sauvage civilisé, ma croix en forme de cercle, mon patient, mon éternel éphémère,
Bienvenue
mon saint damné, mon carré blanc sur fond blanc, mon briquet rose, mon monstre, mon cœur ensanglanté,

Bienvenue, bienvenue ma plaie parfaite,
Bienvenue
  mon gâteau sur roues,
Bienvenue
  mon poignard cassé,
Au revoir
  Bienvenue.

Je

En attendant de me lever
En attendant de me lever.
Je reste assise à compter mes années
Dieu qu'elles sont courtes.
Dieu qu'elles sont longues.
Et dieu que je plonge allègrement dans les
  pires et les plus beaux lieux comme un.
Jeu facile.
Jeu.
Jeu comme un cheveu.
Jeu comme au milieu.
Je mets un masque et je me recoiffe.
Vite.
Casquée de la tête aux pieds.
Vive les spartiates.
Je bois une bouteille de vin.
Je la bois au complet.
Boutades. Broutilles.
Les cordes ne sont plus, et depuis
  longtemps, vocales.
Elles sont abyssales.

Un joli petit chandail à manches courtes bleu pâle tout maculé de peinture blanche, bleue, jaune.
Je ne le porterais jamais.
Que dans les pires occasions.
Il y en aura peu.
Peu.
Peut-être.
Peut être.
Puisse-t-il être.
Grand.
Grand. (Comme une tour)
Droit.
Droit. (Comme une tige)
Beau.
Beau. (Comme lui-même)
Fier.
Fier. (Comme les enfants qui l'ignorent)
Il est évident que **je** ne peux rien pour lui.
Il croit que oui.
Il se trompe.
Aussi gros qu'un éléphant.
Il le devine probablement. Peut-être même qu'il le sait.

Savoir.

Sciemment.

Scier.

Sacerdoce.

Nous cherchons des experts.

C'est plus qu'urgent.

Hélas. Plus de temps à guérir qu'à tomber malade.

Je hèle le hé-là.

Vous là-bas.

Outre-mers. Outre-trombe. Vents et marées. Vents et mariés. Vents et achevé. Vents et délivré. Délivré du vent qui enfante la nostalgie. La misérable nostalgie.

L'ancestrale nostalgie qui fait naître des enfants, éclater des guerres et mourir des amants.

Putain, maquereau, misérable, démagogue, égoïste, cochon, salop, salope, enculé, idiot, stupide, méchant, vil.

Ville.

Château.

Paradis.

Je vous lègue, je vous abandonne, je vous offre, je vous remercie.
Je ne pourrais plus rencontrer grand monde.
Sans me souvenir.
Sans me rappeler.
Je deviens beaucoup trop vieille.
Rappelle-moi donc.
Rappelez-moi donc.
Comment on prononce le mot.
Lequel ?
Hélas. Je ne m'en souviens, je ne m'en rappelle...
Pronostic s'il vous plaît !
Ça urge ! Ça presse ! Ça redingote dans les vieux faubourgs ! Dans les vieilles villes et même dans les jeunes contrées !
Pourrions-nous devenir drôles ? Amusants ?
Évidemment je dis nous pour arrêter de dire je.
C'est ce que l'on appelle une tentative.
Il y a aussi des tentatives de meurtres, de viols, de suicides, d'intimidations.
En général, cela rime avec raté.
Maman, j'ai tâté ma tentative avant de la rater.

Ce n'est rien, mon enfant, ce n'est rien.
Dans quelques jours, il n'y paraîtra plus.
Peut-être n'est-ce qu'une simple question de parasexualité après tout.
Après tout.
Et après rien.
Tentons d'être stoïque. Apolitique. Lubrique. Ludique. Magnifique. Idyllique. Apoplexique. Cadavérique. Lyrique et bête.
Comme seuls les animaux savent le faire. Tous les animaux.
Sauf, évidemment, l'homme.
Trop complexé, le pauvre.
Le pauvre hère.
Le pauvre ère.
Le pauvre re.
Le pauvre e.
Abscons.
Abasourdi par l'incommensurable quantité de bêtises qui sort de son raz-de-marée noir.
Tentative incontrôlée de bleus incertains.
Je tente de dire au revoir.
Cela n'est pas *très* facile.

Essayez-donc de dire avec aisance : Au revoir, je ne veux plus vous revoir.
Soufflez les chandelles, les bougies et les lampions, damnés des grandes causes ! Vous avez perdu.
Mais, comme disait, comme disait...
Qui la perd la gagne et qui la gagne la perd.
Il faut sculpter pour ne pas décevoir.
Soi-même *et* les autres.
Sois toi-même.
Vous savez pourquoi on met un trait d'union à toi-même ?
C'est pour l'autre.
Il n'est paquebot.
Il est en train de faire les vendanges de son cerveau. Ou de son âme si on préfère.
Oh, Camomille, quelle belle aura tu as aujourd'hui.
Tu as.
Tua.
Il tua.
Visa le noir tua le gris.
Tout le monde sait que le blanc n'est pas une

couleur de toute façon.
J'enfante l'infamie atrophiée.
Atrophiée parce **je** ne peux m'empêcher de croire tout à fait.
Je fais montre d'autoscopie.
Autodafé.
Atone.
Vingt-trois je pour une centaine de lignes. Ma foi, le compte y est...

Tu

Tu perdras une à une les perles.
Toutes les perles.
Ta conversation n'en sera pas diminuée, mais atrophiée.
En fait, tu ne diras plus rien.
L'observation sera ton purgatoire.
De tes cendres inutiles, il ne naîtra rien.
Les épopées et les aventures ne te regarderont même plus.
Tu te nourriras de maïs et de mâchefer.
Tes armes, couchées depuis longtemps déjà, suinteront.
L'été sera ta seule saison.
La résonance de tes chants sera sans cesse accompagnée d'un quadruple écho vengeur.
Tu transporteras dans ton sourire les terribles traces de la nostalgie.
Les chaises, les bancs et les fauteuils où tu t'assoiras seront tous vivants.
Tes chairs mettront au monde des enfants aveugles et nains.

Les crayons dont tu useras de tes mains
blanches manqueront tous d'encre.
Tu en oublieras jusqu'à la conception du
cercle.
Tes marches et tes balades n'auront plus que
l'intérêt du vide.
Tes festins et tes fêtes auront tous le même
goût, le même fade.
Plus rien ne te résistera.
Même pas la tristesse.
Tu ne connaîtras plus jamais l'ennui.

Elle

Elle a construit mille et un navires qu'elle a déposés sur vos rives
Sans songer un seul instant que l'on pouvait calculer les eaux
Le ciel l'a abandonnée sur une valise à moitié vide de petits soucis
Allez savoir pourquoi, je vous récompenserais
Je vous récompenserais.

II

Jamais saison de vous
Jugement dernier, jugement premier, pisse sur
mon velours comme sur les plumes d'une
quelconque oie
Il me caresse l'échine de ses doigts de phentex
De tous les soleils que j'ai véhiculés
Il ne m'en reste qu'un
Ce tombeau maléfique, cette aura silencieuse
C'est de ton œil noir qu'il me dicte,
l'orgueilleux...

Nous

Nous aurons des douches neuves remplies d'alluvions et d'odeurs atroces.
Nos corps pleureront des gouttelettes de suie brune.
Tu verras comme nous serons heureux.
Tous les jours, nous encenserons nos quinze ans.
Nos fauteuils de velours râpé atteindront la cime des cieux, nous aurons même la foi.
Les devins s'arrêteront à notre porte fermée pour quérir un verre de lait.
Nos enfants ne diront jamais rien.
Les matins seront chauds, les soirs froids.
Nos yeux ne se quitteront que pour aller cueillir des pommes vertes que nous laisserons paresseusement choir dans un grand panier d'osier aux éclats ternes.
Tu verras comme nous serons heureux.
Nous donnerons des perles aux cochons, des sous aux pauvres, de l'alcool aux alcooliques, des baisers aux amoureux, de la viande

aux chiens, des poissons aux oiseaux et du blé aux assassins.
Nos amis ne nous quitteront plus.
Nous mettrons nos mères et nos pères au champ d'honneur.
Les alchimistes gérontologues feront le pied de grue devant des fenêtres que nous aurons nombreuses et propres.
La musique adoucira nos mœurs terribles et dégradantes.
Nous parlerons français avec un accent salvadorien afin de se rappeler notre défunt Chico mort à la guerre comme une carpe.
Nous aurons des oiseaux de proie blottis au creux des armoires, des coqs en pâte et des poules au pot.
Nombreux seront nos ennemis.
Tu verras comme nous serons heureux.

Vous

Vous, je vous aime.
À toujours et à jamais.
Et si votre pas est quelquefois boiteux, c'est délicatesse plutôt que handicap.
Vous ne sauriez éteindre une flamme, même si maison s'enflammait.
Votre pas s'est fait beaucoup trop léger pour que nous puissions le prendre en considération. Reparlez-moi de votre brève maison.
Reparlez-moi de votre brève maison.

Ils

Ils ne sont plus jamais revenus.
Pestés de sang et de songes.
Ils avaient déjà abandonné avant de revenir une seconde pour voir...
Il n'y avait plus rien de toute façon.
Ils le savaient mais feignaient de l'ignorer.
Leurs impatiences étaient à la mesure de leurs peines.
Ils se nourrissaient exclusivement de haine et de mélancolie.
Parfois, sur le bord d'une route, à l'entrée d'une ville, ils se baissaient pour ramasser un brin d'herbe et se baiser les mains.
Des heures restés étendus, ils n'ouvraient pas une seule fois les paupières.
Ils soulageaient chaque mendiant, chaque chien, chaque oiseau qu'ils croisaient sur leur route, n'en oubliaient aucun.

Fourrons la mort

Plus rouge que la rouille.
Le bien-fondé est mort comme un pape qui meurt ;
En grande pompe.
Pompéi compris.
Dieu ! Que faites-vous donc de tous ces morts ?
Il y a mille et une façons de faire un gâteau.
Une seule de faire un enfant.
Fourrons-les de crème et fourrons.
Pour que la terre soit peuplée d'enfants qui s'empiffrent de gâteaux à la crème.
Les guerres se sentiront mieux dans leur peau et nous dans nos estomacs.
J'ai toujours adoré pleurer mes chiens morts. Cela durait des jours, voire des années.
Je ne crache sur rien.

ggg

Vieillisement, droiture et conjoncture : pisser à la raie d'une raie ou embrasser la lune ou embraser le soleil ou tenir fermement une molaire qui tremble ou aller promener un chien ou serrer un enfant qui vient d'avoir un an ou tourner la cassette de bord ou faire un naufrage sur l'Atlantique ou peindre un boutte de bois ou penser à quelqu'un ou boire pensivement en avalant physiquement ou ne pas choisir sa famille ou trouver que la jungle pue ou manger du cochon grillé ou admirer sa mère ou cracher sur la pelouse ou tondre le gazon ou peindre des treillis ou faire des ménages ou brasser de la marde ou jouer au soldat ou jouer un rôle collé sur la vitre arrière de la voiture en faisant des tatas aux passants.

Génération sans fautes

La génération sans fautes.
Elle est restée accrochée au C.
C'est comme ci et pas comme ça.
Latinisante, elle purule.
Obéissante, elle exé(a)gète.
Exception sans règles et iota du pauvre, extravertie sans intérieur, crassante de sûreté et lancinante de jouissances à travers des siècles qu'elle a oubliés, elle est *ego sum via*, *veritas* et *vita*.
Son vide est tout à lui-même et ses enfants sont ses amis.
Un ami, c'est quelqu'un dont on n'a pas à s'occuper.
Ainsi, d'amis, elle n'a point vraiment. Beaucoup d'amants par contre. Beaucoup trop. Mais le trop aussi, on le laisse aux petits amis.
Passe vite, vite, cannelle, et étouffe-toi d'un pruneau qu'on puisse s'épanouir en paix, tout en jetant une vague condescendante sur ton écume à peine esquissée, très vite oubliée.

Ses bras sont constamment ouverts mais ne se referment sur rien.

Ou plutôt, comme le chien, sur elle-même.

D'ailleurs, sa sueur sent bon, elle le dit, car elle a *fait* le monde.

Ses enfants sont en prison, mais elle aime les oranges, car elles rappellent la terre.

Ses adresses sont nombreuses ; elle a toujours refusé de parler d'argent ; c'était bas, vulgaire. Pas comme les sous-vêtements, mais comme tout ce qui lui succède, hélas sans succès.

Donnez-lui un vélo, elle en fera une Peugeot, posez-lui une question, elle vous kunderisera, vous rilkerisera, vous ridiculisera.

Car Platon et les autres furent les anamorphoses de ses nuits sans sommeil.

Et sans veilles.

Si remplies de merveilles.

Seule à savoir danser, nul n'y est invité, car nul n'y est convié.

On ne convie pas son passé. Pas plus que ses enfants. Ce qui revient au même.

Sa sécheresse est humide, sa mère morte.
Elle ne joue pas aux cartes ; elle farce et elle attrape.
Rien chez elle n'est biaisé ; elle a tant embrassé, elle est tant embrasée.
Elle connaît les feux par leur prénom. Tous. Sauf les rouges. Évidemment. Trop prosaïques. Pas assez lyriques.
Ses pianos sont vainqueurs et ne suffoquent jamais, cela serait si *laid*.
Ses carnets *sont* l'adresse, ses mains toutes caresses, ses agendas sacrés.
Car le sacre fut une apothéose, du temps de ses osmoses.
Ses idoles immortelles vous apprendront tout ce qui est à apprendre.
Ses chefs-d'œuvre immuables vous comptabiliseront.
Ses carences n'existent pas.
La génération sans fautes vous salue. Bien haut, bien bas, du haut de ses hauteurs.

Chevaux

Nourrir les chevaux dans sa main
Abattre le fils du facteur
S'enfuir avec la vertu
Soigner les vieilles dames
Ouvrir son cœur à tous vents
Devenir frénétiques et tout à la fois d'un
calme de splendeur
Car nous sommes tous des splendeurs.

Enfants

Le jour où les ténèbres se tairont avant moi. La musique se fera grave et lancinante, la grêle ne tombera plus sur nos têtes devenues trop légères. Ce jour-là, les escabeaux fuiront les doutes et les murs se moucheront de tares de couleurs. Ô mes bien-aimés, je ne pourrai jamais vous oublier. De vous naît cette nostalgie qui me fait fondre et sourire d'un rire d'automne immémoriable, incommensurable, immensurable. Ils pourront tous chanter, leur chant sera lunaire, épistolaire et sans conséquence autre que celle de la farine que les enfants mouillent et agglutinent dans leurs mains pour en faire une colle qui ne tient pas. À l'instar de mes pensées, mon âge n'a pas d'importance et je danse devant un néant qui me rend bien l'immobilité que je singe. Les aiguilles tournent toujours et la peste, je l'ai adoptée depuis des lunes. Des demi-lunes. La moitié de l'entier, comme la poire que l'on coupe en deux parts qui ne seront jamais égales. Part, pars donc mon aimé. Un truck dans face pis une joke pour le faire passer. Je t'en prie, je t'en ris, réponds-moi. L'urgence n'a plus besoin, désormais, de moi. Dieu que nous nous aimerons. Nos enfants ne porteront rien, pas même un nom. Ils seront ivres et pauvres, chancelants et inébranlables. Leurs jouets, ce sera nous. D'amour, ils se gaveront, de haine ils déborderont. Le tabou des impurs sera leur religion, leur liaison. De lui naîtra toute liberté. Ils seront leur propre idole et ne cracheront sur rien. De rigueur, il ne feront preuve, de candeur, ils périront. La sensualité sera leur cérumen, l'exotisme, leur vésicule biliaire qu'ils vendront deux cent soixante-douze dollars pièce aux Japonais. Ils auront de quoi vivre ; nous aurons de quoi mourir.

Les aiguilles

Ça y est, ça y est, ça y est encore et puis ça y est, que ça y est donc.
Elles ont encore tourné les maugréantes.
Bien évidemment, elles s'entendent aussi bien qu'il y a cinq siècles.
Peut-être même six.
Sept.
Huit.
Non !
Pas de neuf. Que du vieux, vieux, vieux, ô que si vieux que plus que vieux.
An-ces-tral.
In-ces-tueux.
Vis-cé-ral.
Un coupe-ongle pour la monarchie.
Une pince à épiler pour les régnants.
Une poire déshydratée pour la classe moyenne.
Quelle hauteur ?
Moyenne.

Elles se croisent chaque jour. Bien souvent d'ailleurs.
Léthargiques et sempiternelles. Émouvantes et virtuelles.
Ce sont de vraies filles !

Insomnie

Je fais encore de l'insomnie et l'ombre de ma main sur la page imite bien mal le sommeil que je n'attends plus.

Tellement belle

Les fleurs posées sur le coin de la table sont à présent pourries.
De leur eau est né un vin que l'on ne boit pas.
Le ventre puise.
Il en va des hommes comme des vagues.
C'est exactement le contraire.
Vertèbres indolentes, les veines s'ouvrent mal ces jours-ci.
Hironie d'une hirondelle.
Elle était *tellement* belle.

Encore

Elle se fondait tout doucement dans le silence.
Beaucoup d'amusements.
Les voies respiratoires.
La science des demeurés reste la plus valable.
Et il n'y avait plus de questions à poser.
Ils respiraient difficilement.
Mais ne savaient pas pourquoi.
C'était l'époque des grands carêmes, des
petites ballades et des vieux envoûtements.
C'est déjà assez et à peine trop.
Le temps.

Obole

Les rayons du soleil dont on vous fit éloge
ont brûlé votre front
Et c'est depuis que de votre rouge-gorge
s'enfuient sur les cimaises
les pions de votre obole
Devant vous des serpents
ont pu soupirer d'aise
blottis entre vos cuisses
de chagrins consumés
Ce n'était que pitié

Bain sale

Mon bain est sale.
Qui a sali mon bain ?
J'aimerais bien le savoir.
C'est moi.
Comment faire pour m'accuser ?
Comment faire pour m'acculer ?
Comment faire pour m'enculer ?
Suis-je vulgaire ? Délétère ?
Je n'aime pas mon visage qui se reflète dans le miroir qu'on m'a offert un jour pour mon anniversaire ou peut-être était-ce pour Noël qui se met toujours au majuscule, je ne m'en souviens.
Mon bain est sale. Je n'enlèverai pas l'eau. Même que je m'y replongerai sûrement et même souvent. À l'instar des canards et des cochons. Les premiers, on les tue avec des fusils, les seconds, on les assomme avant de les égorger pour que leur sang se vide.
On appelle cela faire du sang de cochon. À la campagne, ils le font chauffer, y ajoutent

quelques épices, du sel, du poivre, le boivent dans des tasses brunes. C'est ça, le sens des *vraies* choses.

Si je trouvais du sang dans mon bain, ou dans un bain, cela ne m'étonnerait pas outre mesure. Si j'y trouvais du tofu, là...

Si j'enlève le bouchon du bain, je partirai avec l'eau salie.

Est-ce tout ?

Il me semble bien que oui.

C'est tout

Que se passe-t-il en nos cœurs morts ?
Avons-nous à ce point perdu nos passe-droits ?
La grand singe de la nomenclature nous boude, c'est sûr.
Nous effrayons tout le monde en rassurant nos proches.
Nos poches sont vides, nos vêtements délavés et la brise qui nous rafraîchissait nous repousse sans arrêt, sans trêve et sans heurt.
Nos déchets sont divins et nos mains ampoulées.
Nos carences débordent, nos appâts s'insurgent.
Le rapatriement n'est plus, déjà, de mise.
Pourtant, les jeux ne sont pas faits.
Nos taudis sont construits et nos gestes hésitent.
C'est tout.
C'est tout.

Inutile

Fourre-la
Embrasse-la
Console-la
Moi, je n'ai besoin de personne sauf de toi quand tu n'es pas là.
Inutile de m'appeler, mon beau bébé.
La vulgarité m'envahit, je lui souris.
Il y a beaucoup de poussière
Il y a beaucoup trop de poussière.
C'est parfaitement inutile un grain de poussière...

poussière = symbole du temps qui passe, qui s'accumule...

Criss

Une fleur de cactus dans un cœur d'épinette
Ou l'histoire d'un Québécois errant au sud de la terre.
Criss que c'est l'bordel tabarnak.
Ces jours où la destruction devient une paix.
On tuerait tout ce qui se tue.
Même le steak haché. Même les chiots. Même les arbres.
Et surtout, surtout, les péniches calmes ondoyantes sur une eau tout aussi calme.
Je ne veux voir personne que je ne peux détruire. Je vais donc rester seule avec ma chaleur épuisante et inutile et une musique ressemblante.
Câlisse. Câlisse. Câlisse.
Le seul qui ait froid, c'est mon foie.
Je pleure ma nervosité, je pleure ma virginité.
Et je ne pleure pas.

Et que...

Et que je me jette dans tes bras et que tu te rues dans mon cœur.
Que tout s'efface.
Une apothéose. La vie.
La quoi ?
Ton rêve, meurtrier.
Une virgule pour tout changer.
Y'en a pas d'autres ?
Comme seules attaches des cicatrices. Cela ressemble un petit peu à des cordes. Petite plante facile. Mais **tout** est facile.
Sauf grandir petitement.
À bord d'un bateau, il y a une seule corde.
À bord de vau-l'eau, il y a une seule espèce.
L'impuissance est la seule vraie rédemption.
Parce que sans choix.
Inquiets de ma froidure.
Suspects des conjonctures.
Risibles architectures.
Je ne bave plus, je déborde.
Romantiser la vie.

Battre son cœur comme on bat une omelette.

Déjà dit.

Tout.

Rien.

Je vieillis.

Vraiment ?

Entendue par les oreilles du plus sourd. Mordue par un édenté. Touchée par un parfait manchot. Aimée du vide et couverte d'air. Je ne me suis jamais sentie aussi bien. Aussi atrocement légerte.

Et je souris à n'en plus savoir où mettre mes dents. Perdu mes canines depuis belle lurette. Luette infectée. Baisers écœurés. Phrases pitchées comme autant de cailloux, de poux et de genoux.

Génuflexions.

Ça y est

Ça y est, je me déleste.
Miracle des miracles, voyelle des voyelles
Ah, que ces nuits sont douces à mon âme égarée
Je regarde passer les passants qui me regardent passer
Une forme d'harmonie s'installe, née de l'ivresse des sens et de la chaleur des ennuis
Nos vieillardes paupières n'osent plus, devant le souffle amer de nos prières, se fermer
Ce soir, je dormirai dans un lit d'acier

La lumière

C'est la fermeture, la grande ouverture, la mort de l'attache. Je ne prendrai plus jamais le champ. L'idylle est consommée et le cadre entier. Note de passage indélébile.

Geste gratuit.

C'est d'ailleurs ce que je vais passer ma vie à vendre, de la gratuité.

Il neige à l'intérieur de la voiture.

Ce qui force la vie, c'est que la lumière est indélébile.

Mon tendre

Ami,

Te dire que tout nous est permis, que nous ignorons la peur et que la bénédiction ne nous quittera pas.

Te dire que la folie demeurera toujours belle, parce que nous serons détachés de tout, y compris de nous-mêmes.

Moi, je mourrai très jeune.

Tu me survivras, afin d'éviter la tristesse.

Tes caresses et tes regards, je les emporterai partout.

Je n'oublierai que tes paroles, afin que chaque mot que tu me portes reste le premier.

Les paradoxes et les errances seront nos pains quotidiens.

La seule sûreté à laquelle nous aurons droit sera celle de nos bras écartés, de nos corps quelquefois enlacés.

Nous aurons tous les droits. Même celui de nous oublier ; nous ne nous désapprendrons jamais.

Si l'un pleure, l'autre sera grave et silencieux.
S'il rit, nous serons bêtement heureux.
Nous ne serons pas deux, nous serons mille
et constamment de passage.
Calmes comme des récidivistes, agités comme
des voleurs, muets comme des assassins.
Dieu que je t'aimerai.

Le dix janvier de l'an 1996.

Bienvenue 2

Bienvenue
je suis morte
Bienvenue
je n'ai plus de servitude
Bienvenue
je suis absente
une rangée de ma brique a pris la place de
  mon corps
Bienvenue
je ne vous vois plus
les camions passent partout
les veines ne saignent plus
Bienvenue, bienvenue
mes fautes me laissent désormais indifférente
Bienvenue
ne m'oubliez pas
Bienvenue
Au revoir
Bienvenue

FRAGMENTS

Outre ses poèmes clairement terminés, Geneviève a laissé un grand nombre de textes inachevés en divers états : matériaux de travail poétique, aphorismes, réflexions, esquisses diverses. Il a fallu faire un choix, forcément imparfait, de ce que nous voulions présenter ici. Nous avons cherché à donner un aperçu aussi représentatif que possible de l'intensité du processus créatif qui fut alors en branle.

— I —

Ce fragment est tiré du texte *Ludicité*, daté du 16 novembre 1994. L'extrait qui débute par la phrase « Je pense à mon père » pour se terminer par la dernière (« Arrivé en haut, on s'envole ») a été repris dans un collage de différents textes daté du 27 mars 1995.

Maintenant que nous devinons que la course est facile, qu'il nous est aisé de la gagner, que nous reste-t-il à faire sinon à inventer un autre jeu ?

Nous créons pour avoir un jour le droit d'abandonner.

Mais l'abandon doit être purement mûri.

Ne dit-on pas que la nature est pure ?

Elle a, a-t-elle un cœur d'or ?

Trop de chaleur.

Cela provoque des bulles d'air et fait éclater la terre.

C'est le même processus que le big bang.

L'univers est partout en fin de compte.

Pas assez de barbotine, ça décolle, manque de boudins, on meurt de faim.

Cela ferait une jolie contine. Contine pour la cantine.

Je pense à mon père.

Je pense à mon père.

Cette simple phrase, c'est de l'art.

Il est fait de chair, de sang, de cellules nerveuses, de neurones.

Je pense à mon père.

Il ne m'a jamais fait de mal.

Il m'a aimée, nourrie, logée, même qu'il me loge encore parfois.

Pour le remercier et pour tous ceux qui m'aiment et que j'aime, je crée des objets parfaitement inutiles.

Ai-je à répéter ce que j'ai déjà dit ?

Oui.

Sans cesse et sans trêve jusqu'à ce que je sois parvenue en haut de la tour pour rendre hommage à Icare.

C'est du « pur lard ».

Voilà une analogie : nous vivons sur une tour.

Une tour circulaire.
Un peu comme un gâteau de mariage ou comme la tour de Babel ou comme un coquillage.
À la base, nous faisons de très grands tours.
Tout au long de notre vie, nos obsessions restent les mêmes.
Elles sont inscrites en nous depuis l'enfance.
À mesure que nous grandissons, les tours que nous faisons rapetissent.
Ils restent les mêmes mais se font plus vite, avec plus de précision, de sûreté, de conscience.
Arrivés en haut, on s'envole.
[...]

— 2 —

Ce texte, sans titre, est daté du 21 mars 1995.

De l'incapacité à se dégager du lourd principe de la physique. La physique. Lourdeur ancestrale de ne savoir accéder au puissant. Parfois, l'éclaircie fantasque, hélas, si rare. Nous penchons. Nous penchons et cette fresque devient trop lourde. Trop puissante.

C'est immanquablement une mort. Chaque fois, le deuil se fait plus intense. Plus léger.

Polissons, polissons. Comme une surprise, quelque chose d'incontrôlable.

Qu'est-ce que l'art sinon une tentative de cerner l'incommensurable, l'innommable, l'incertain, la non-voyance.

Les massacres comme autant d'accessoires à nos parures. Morsures accablantes. Honte à nos enfants, à nos chiens bavant le foutre de leur père. La seule lumière est celle que nous procure le meurtre de nos sens. Toute forme d'absence est souveraine. Penchée sur l'abîme despotique, esclave de tous clichés, je m'assassine et le ciel me rassure, abusé par les mensonges que je lui sers sans cesse. La répétition se fait neuve. L'Équilibre n'est pas de mon monde et je n'ai plus peur du noir.

Des mégots enfoncés dans le plâtre de la suffocation. Devenue solitaire en réalisant qu'ils se faisaient la honte. Gêne incurable que ces guerres.

Je n'irai pas au concert. Je n'irai plus au lit. Boîte. Boite. Boiteux. Claudiquant sur le fil ténu de l'indécence. L'absurdité m'envahit. Me suffoque : une broche dans les gencives, bifurquant dans la partie droite du palais pour sortir par l'œil gauche. Ce n'est même plus une plainte car cela n'en a pas la puissance.

Le gâteau itinérant

La nature morte sur roulette

feutré-neige-noirceur

résonance-nature-lumière

Conversation technique techniquement d'une platitude à tout rompre.

Désiroir.

– 3 –

Ces fragments proviennent d'un ensemble intitulé *Mélanges 95* daté du 3 avril 1995. Geneviève y avait assemblé des éléments de différents poèmes manuscrits.

Que faire quand on ne peut se retirer de l'esprit
  quelqu'un de parfaitement beau ?
Mais la perfection est un leurre parmi d'autres.
Buvons gaiement, chevaliers de la phallocratie
  et du vaginanisme !
La mort d'un dieu.
La recherche de l'aimé.
La consternation du vide.
La fibule du passant.
Le maïs brûlé.
La paresse consentante.
L'idylle consommée.

La blondeur des écorces.
En chaque vivant et en chaque vie.
Bien sûr, là-bas le ciel était lourd de parfums.

Il n'y avait qu'à lever le nez et à baisser la tête.
Mais on ne sentait rien.
La maladie était chose facile ainsi que la guérison.
Les échanges, bien que rares, facilitaient les contagions diverses.
Note : la lettre B est très sensible.
Dans un instant d'accalmie flottait un je ne sais quoi de fébrile, impalpable et malsain.
Quand les mains se tendaient, ce n'était qu'ignominies, mensonges et décadence.

Dormir sans cadavres, sans passé, sans pensées. Ne manger que de la cire chaude. Contempler les assassinés. Rougir devant la glace. Le ventre sera.

Traversés par la grâce. Voilà ce que nous sommes. Elle n'est pas automatiquement belle et sereine, il en existe des lourdes, tristes et sales.

« Par délicatesse, j'ai perdu ma vie. »

Ce n'est que surface. La temporalité n'y a pas droit. Tout comme les morts, nous nous rhabillerons. L'air si sérieux que nous effraierons les passants. Toute publication sera rare et mensongère. Nous serons fiers et abscons. Absurdes et naïfs. Il sera tous les jours neuf heures. Comme les chats.

Éteint le feu qui commençait à peine à prendre. Les labyrinthes n'ont pas un si grand besoin que cela de se perdre. La voie est large et la sinueuse immense. Il n'y a pas de drame, pas d'urgence. Il n'y en a jamais vraiment. C'est le semblant luisant. Comme les vers, ceux qui brillent. Évidemment. Évidemment. L'évidence est toujours à un pas, deux dans le meilleur des cas. Une petite trace, un effleurement, et puis l'oubli.

[...]

Une question simple : pourquoi répète-t-on invariablement et inlassablement toujours les mêmes choses, les mêmes gestes et sensiblement les mêmes propos ?

Il y a trop de synonymes.
La fatigue éprouvée, éprouvante, épouvante.
Farce et ensuite attrape.
La vérole de la cornée.
La syphilis du cœur.
Faux cadre pour entourer le vrai.
Nous voulions aimer.
Battre son cœur comme on bat une omelette.
Jumeaux de l'épiphanie.
Que s'est-il donc passé pour que l'absence ne cesse.

[...]

La page ou la toile blanche ne m'angoissent pas. Ce qui m'angoisse, c'est la futilité de les remplir. Dieu le sait que j'en remplis...

À chaque fois que je m'enfonce dans le « je-me-moi », je me fais l'effet d'être quelque chose de visqueux et d'incontournable.

[...]

Parfois, ma fatigue me gêne.
Un jour, mes cheveux seront gris, mon front ridé, mon corps plissé et mon teint... basané !

Je suis comme une vieille dame solitaire
assise dans un parc
à l'orée de mes peines
Songeant au cyclamen
perdu dans une soupière
que me remit ma mère
Un soir coule la bière
en attendant la mienne
S'envolant sans passion
poussés par leurs instincts
des pigeons font la cour
à leurs correspondances
Il n'y a plus de vengeance
et lasse de moi-même
je m'abandonne sans peine

au désespoir suprême
Les ballets d'écureuils
accompagnent mon deuil
L'horizon est gelé
J'ai perdu ma santé
J'irai avec plaisir
au sommet des montagnes
pour tenter de cueillir
l'inespéré vacarme
Le silence me guette
je lui remets mes armes
Arrogant comme le vent
il me crache au visage
laissant dans son sillage
une goutte de fiel
{ Ah !... } Comme je suis infidèle

Samedi en mars. Environ 10 heures du matin
au parc Laurier.

[...]

Tu as tué mon cœur.
Qui ?
Tu.
Je.
On.
A.
Eu.
Une.
Sacrée.
Chance.
C'est sûr que si je me jette en bas d'un pont, ce sera celui des soupirs...

[...]

J'aimerais me surprendre et ne plus jamais utiliser le verbe je.

– 4 –

Ces fragments proviennent d'un texte intitulé *Vieux écrits mélangés* vraisemblablement daté du 28 mai 1995. Geneviève y avait également assemblé là différents poèmes manuscrits.

Lucarnes des égouts. Les sphères se taisent et nous léchons nos jointures écorchées. La synagogue a six ans aujourd'hui. C'est son anniversaire. Les recueils regardent l'heure et se disent qu'il se fait tard mais ils aiment la fatigue alors cela ne leur fait rien. J'ai plié les genoux et cela ne m'a rien fait. Par terre, il y a des arbres. Nous courons vers une marche certaine. Ce qui ne change rien. Dimanche il y aura de la pluie. Inerte et chaud. Comme le sable si triste parfois lorsque ses grains s'échappent lentement et si rapidement de nos grandes paumes chaudes.

... alors ils s'asseyaient sur de gros cailloux la tête entre leurs mains et ils regardaient le ciel et leurs pieds en essayant de rire ou du moins d'esquisser le rire. Cela finissait toujours par marcher tôt ou tard. Ils refaisaient le tour de leurs fenêtres en les ouvrant toutes grandes pour narguer les dieux. Leurs enfants naissaient déjà tout grands et cela prenait trois jours pour les élever jusqu'à la cime des arbres. Rendus là, ils étaient libres. Mais leurs inventions souvent étaient irréalisables et il n'y avait plus de sorties que celles qu'ils inventaient de leurs dix doigts.

[...]

La solitude n'existe pas. C'est de l'amertume.

La vérité est une affaire de mœurs.

Nous ne voulons plus lécher vos gencives. Elles ont un goût de métal mort. Sortez de vos rêves avant de jeter vos lames déchirées dans les miens.

Il faut bénir tous les réfrigérateurs pour qu'enfin nous ne puissions porter à notre bouche que des aliments sains.

Une langue pour se la mordre plus fort.
Crevez vos mères.
Il me manque tout. Bouffeurs de nouilles.
Si vous n'aimez pas manger du chocolat, tuez des chats.
La mer monte et la mort meurt.
Dès samedi, nous changerons tout.
Il y a cent milliards d'étoiles, beaucoup de haine et un peu de poivre.
On peut leur faire dire n'importe quoi. J'en remercie la mort. J'ai cassé mon lacet. C'est le soir des poubelles. Il pleut dehors. Je t'aime. À table. À demain. C'est la guerre. Debout, c'est l'heure. Tu veux un café ? Les prières respirent le brûlé. Avez-vous froid ? Un coussin pour mon royaume. Ma chaise. Ma table. Ma ma. C'est un jeu. Un jeu de mots. Un jeu de toi. Un jeu de moi. Un jeu de nous. Un jeu de vous me l'avez bien appris. Merci. Si vous dites que ceci est un chapeau, je vous mords la langue.

Les morts pendent dans mon garde-robe
Les enfants jouent aux préjugés dans la ruelle

Premières victimes, premiers bourreaux
Le foyer, cher foyer
Oyez, oyez
Et nos frères et nos sœurs
Et nos sœurs et nos frères
Aimés, aimés, tant aimés
On m'attend pour l'enterrement
Je n'irai pas
Délétères humains
Il est temps de reviser nos teintes
Les morts pendent dans mon garde-robe.

– 5 –

Ce texte, sous le titre *Rouillé*, est daté du 11 juin 1995. Il a fait l'objet d'une lettre à Gille Marcotte datée du 14 juin 1995.

La vie est une vallée de porcelaine cassée et de petites cuillères d'argent noirci. Vive les étagères de bois d'ébène et les petites corvées quotidiennes. Dieu que je vous aime tous autant que vous êtes. Les cadres d'aluminium qui encadrent les vitres en deviennent même poétiques dans leur rouille miséricordieuse et leurs mornes éclats. Décadent et débile. Défiant et démagogique. Les vallées sont douces à ma pente consommée. Même les chiens et les chats. De surcroît.

[...]

Je me demande aussi si je ne t'ai pas fait de la peine. Car il faut peiner semble-t-il pour arriver à ces débuts de phrases qui nous entraînent invariablement vers les mêmes propos blafards et vivants qui sont nos portes de sortie et nos mots de passe vers un paradis ignoré. Peut-être que le calme gruge tout compte fait. Tout comme la fébrilité. Mais c'est aussi notre but, notre puits et notre merveilleux précipice que la pourriture. Tout comme les feux et toutes les chaleurs que nous aimerions voir nous carboniser et qui réussissent seulement à nous faire fondre lentement.

Tirer de ton grand corps et de ton grand esprit une essence infinie, indestructible et apostolique qui portera tout ton être vers la beauté, vers l'immanent, vers les saisons de tous les dieux.

C'est la communion. C'est ta communion. C'est ta première communion.

Tout me porte vers toi.

Mon île désincarnée, ma première arène et mon dernier combat.

Samedi, nous rentrerons à l'aube des abattoirs.

Je t'aime.

– 6 –

Ce fragment est extrait d'un texte intitulé *Censure* et daté du 2 novembre 1995.

Me reviennent souvent en mémoire des phrases de quelques poèmes jetés sur le parvis de la simplicité. Autant de petites litanies sanglantes de velours.

Il n'y a pas d'atroce. Nous sublimerons tout.

Je souligne, tu soulignes, il souligne, nous soulignons, vous soulignez, ils soulignent.

Je souscris à tous les malentendus et je plaiderai toujours coupable.

La mélancolie, le romantisme, l'amour, le jugement, la faim, sont tous morts. En ce qui me concerne. Moi. Personnellement. Je, je, je, ne suis pas une autre et tous ces mots sont bien pesés. D'ailleurs et de partout, je ne me pèse jamais. Avouons que les pèse-personne, c'est écrasant et impersonnel.

Un individu debout sur la tête d'un autre. Il compte : « Un, deux, trois, quatre, cinq, six, sept... je compte sur toi. »

Tangage du langage.

Slogan intime comme un avion qui s'écrase.

– 7 –

Ce fragment provient d'un texte qui porte comme titre *Archimède* et est daté du 15 novembre 1995.

Je me fais des cadavres exquis en attendant le mien. Dans la bouche des écoliers, le mot « note » sonne toujours faux. L'épave de la gloire, l'omission des sens, la fulgurance des idées que l'on qualifie, l'imminence du crétinisme, la passion de la foi, les oublis du cœur, l'inexistence des solitaires, la taille de la voisine, la jalousie du chien, le risque des nageurs, la fresque incantatoire, la neige inébranlable, le jour où tout bascule. Vous économisez vos mouvements ou vos moyens ? Ce n'est plus refuge, ce n'est plus maison, ce n'est plus toit, seulement une absence de désir qui fait naître toutes passions. Vaines et incommensurablement incontournables. Comme un arbre dont on ne fait pas le tour. Fait-on jamais le tour en entier d'un arbre, à part quand on a dix ans et qu'on veut à tout prix l'escalader ? Taxi-girl, accompagne-moi jusqu'à ce que je m'écroule en toi. Car nous sommes toutes des sœurs. I'm getting drunk and that's perfect for my ground beef nerves. My tailor is very poor but it does not matter because he is in love with la couturière d'hier qui pense déjà à demain. Cela promet d'être une famille nombreuse. Tribu tributaire de tous les artifices. Micro-onde, micro-société, micro-sphère, mi-crobe, mi-sérable, mi-tigé, mi-taine, mi-racle, mi-vue, mi-connue.

– 8 –

Ce fragment est tiré d'un texte du 19 novembre 1995 et a été repris dans un autre texte daté du 27 novembre 1995.

La voilà finalement la « vieillesse ennemie » doublée de « l'enfer c'est les autres ». Se rendre compte qu'il n'y a pas, qu'il n'y aura jamais et qu'il n'y a jamais eu de sauveur si ce n'est nous-mêmes, parfois transposés à travers des dieux qui ne durent pas, qui ne peuvent durer, car leur longévité serait l'exacte confirmation de nos carences. Nous sommes des êtres incommensurablement forts et tout à la fois incapables, par je ne sais quelle horreur, d'assumer cette puissance. Toute forme d'extrémisme n'est que faiblesse inassumée, convaincue de sa force.

— 9 —

Ce texte est daté du 23 février 1996 et s'intitule *Faut l'faire*.

Toutes ces belles lignes que je te prie. Et tu sais, toi qui m'as vue grandir, à quel point je sais prier. Particulièrement dans le lit des grandes personnes. Le doute n'est plus car la substance est morte. De sa belle mort. Carré blanc sur fond beige. Moutons-nous en chœur. Il n'y a qu'une chose à conserver, ce sont les post-scriptum. On vient vers moi. On vient vers moi. Je me suis brûlée sur un poêle à vivre. Que de chaleur. Débarque en ma temporaire demeure, ami, nous gouacherons ensemble. Depuis que je suis au monde, j'ai pris vingt-cinq ans. Ils dorment du sommeil de la résignation et il y a fort longtemps que l'insurgement n'est plus de mise. Faut l'faire.

— 10 —

Geneviève a entretenu une correspondance avec Gille Marcotte au cours de l'année 1995. À partir de différents extraits des lettres qu'elle lui a écrites, elle a constitué ce collage, daté du 10 décembre 1995.

Je n'ai ni paix, ni force. Je me sens comme une guerrière au cœur saignant. Je me demande où j'ai rangé mon sourire. Et puis je ne me le demande même pas. C'est ben long à sécher cette criss d'affaire-là.
Il y a des moments particuliers. Des moments où le vide remplit tout l'espace dont nous disposons, et qui est immense.

Mon corps est calme, mais je suis encore plus calme que lui.
Boire des paroles et manger des habits. Pour l'avenir.
Tu seras à jamais mon bien venu.
Le bleu de mes cernes accompagne celui de mes yeux appuyés sur ton souvenir.
« J'ai joué toute la semaine avec un handicapé du diable, un monsieur Labrosse. » Phrase entendue. Dite en passant par un vieux monsieur portant canne à son vieil ami n'en portant pas, installé sur un banc du parc Laurier, Montréal, province de Québec, Canada, sur lequel était inscrit en blanc « Fuck You ».
Fini les plaintes, fini les amours, passons aux choses graves, devenons les Juifs hassidiques de la pensée, avec des boudins dans les cheveux et de noirs manteaux même aux pires jours de la canicule. Pour ce qui est des hivers, nous les passerons nus. Mais avec les boudins, tout de même.
Nous sommes jeux-dits. Dans onze minutes nous serons vendredi.

Qu'en penses-tu ? Rien ? Eh bien moi non plus.
Il y a tant de soleil, tant de vie, tant de calme, tant de froid, tant de chaud.
Nous sommes des insatisfaits et nous ne le serons jamais, satisfaits. Voilà pourquoi nos cœurs sont forts et nos mains calleuses et nos baisers engagés.
Au menu : tripes farcies au gratin de perroquets pour éviter les *multiples* répétitions.
Les rebondissements sont sans conséquences et il faut toujours sous-estimer son public.
Se répéter comme les acteurs avant la grande première...
Mais qu'est-ce qui importe, tabarnak ?
Mis à part les enfants que l'on met au monde ?
Mis à part le monde que l'on transforme comme des enfants ?
Jésus m'ouvre ses bras lorsque j'entre dans mon atelier.
Il est bien bas.
Qu'importe. Le temps est une vengeance, disent-ils, et nous, nous sommes des gens bien

élevés qui savons comment faire pour pardonner.
Quand je te regarde, mes paupières en porte de garage s'ouvrent sur un criss de beau char. Tu me remplis comme une catastrophe bénie. L'ondée arrive. La vivifiante, la mère fouettarde, l'hyperréaliste, la tête de mille turcs battant retraite, la violente, la foudroyante, la spectaculaire, la splendide, l'ivre, la lyre.
Je n'ai pas acheté de billet de loto.
Aujourd'hui, c'est sûr, mes balles bâillent...
Aujourd'hui, j'ai beaucoup trop de choses à faire pour en entamer ne serait-ce qu'une seule.
Aujourd'hui, il y a du soleil et des nuages et une température extérieure tout à fait viable. Aujourd'hui, les carrés me laissent froide et arrondie dans les coins.
M'en va swigner dans flow-fly. Bukowski peut bien crever la gueule ouverte. Il est déjà mort. Une anthologie. Je réclame une anthologie pour tous les mousquetaires zouaves et assoiffés qui peuplent nos campagnes. De

Saint-Denis à Saint-Simon de Bagot, de Mont-Laurier à Saint-Hyacinthe, en passant par Verdun pis l'Plateau.
Mon émeute émouvante, mon encombrant mystère.
Je t'ai vu courir, sans l'ombre d'un doute dans tes pas à la fois si légers, à la fois si pesants.
Il n'y a pas si longtemps que nos bras écartés se referment. Ils portaient des chaussures identiques. Et la mort comme un honneur nous ouvre grand les mains chaudes et les cœurs d'or.
Nous sommes de biens joyeux lurons, n'est-il pas ? Et nos biens sont précieux.
Légèrement, ô très légèrement légerte. C'est réconfortant.
Nos souvenirs sont des cadavres, et nous, des nécrophages.
On se sent si juste lorsqu'on aime.
J'aime les saints et les martyrs et toutes ces sortes de choses qui ornent nos demeures.
Nous demeurerons en paix à travers tous les pays.

Debout sur son balcon blanc du deuxième étage de sa famille.
Un soleil de plomb et une chape de fer ornaient ses biceps de carton. La corbeille est pleine de trognons de pogne et se tord en deux de rires insouciants qui en font une légende dans le quartier. Elle dépassera bientôt les frontières pour se mettre à hennir, cabrant ses tiges faites de pailles immortelles.
Dans les grandes catastrophes, du genre bombe au World Trade Center, on est toujours plus indigné, choqué, touché par la mort des enfants que par celle des adultes. Est-ce à dire que cela prend des enfants morts pour réellement émouvoir des adultes vivants ? Moi, je trouve que c'est bien triste un adulte mort. Encore plus qu'un enfant.
Un incompris, c'est quelqu'un qui ne sait pas s'exprimer.
J'ai l'expérience de la bave et le syndrome de la vertu. De plus, je me prends facilement pour deux ou trois autres. N'est-ce pas divin ? Il y a là matière à bien des suspicions.

À l'hôpital, tous. Main dans la main et hop. Une belle petite seringue pour les minuscules trous du malentendu. Mais fort heureusement nous ne sommes pas des malentendants. Nous sommes seulement des patients. Je sors à soir. Je serais plus sage si je restais ici. Moins de risques de me mettre les pieds dans les plats. Pourtant, dieu sait pourquoi, j'ai toujours adoré giguer sur les plats en sauce. Du genre poulet à la crème ou bœuf en daube.
À bras raccourcis et à bras-le-corps mon matamore.
Quand je serai vieille, je serai vieille.
Une épitaphe : *Ci-gît une épistolaire qui a fait d'l'air. Qui a fait ? Qui gît ? Quel est le sujet ? Le complément ? Est-il objet directement ou indirectement ? Où sont les articles ? Quel est le temps employé ?*
Je regrette mais on n'emploie pas le temps. L'embauche est morte et les chômeurs se gavent de pudding indigeste parce qu'ils n'ont plus de systèmes digestifs. Ils les ont vendus pour les faire tirer à la loto.

J'en ai acheté six billets. Si on gagne, avec les tripes, on reliera les prisons pour que les prisonniers puissent s'évader afin d'aller sentir les cheveux de leurs blondes qui sentent donc bonnes.
Je trouve que j'avions une maille dans le collant. Énergie. Puissance. Mes doigts sont croches. Mes pieds sont droits. Mes mains ampoulées. De vraies lumières. Le siècle des lumières. La grande noirceur. La renaissance. La révolution. Nous sommes l'histoire. Partout. Tout l'temps. Platon sur un plateau d'argent.
Les portes sont barrées et les fenêtres entrouvertes. Passerons-nous par là ? On risque de se faire mordre par le chien mais j'ai apporté des biscuits. Et puis le système d'alarme n'est pas très fiable.
Une béotienne de la connaissance.
Que les femmes sont belles parfois avec leurs robes de légèretés qui ondulent sur leurs corps de marins.
Un bon swing de bon batte de baseball.
Une bonne brèche dans le bitume bâtard.

Un beau baiser de boucher.
Une belle brune balayant le bûcher.
Un brave bicot bavant.
Une brise belliqueuse.
Un bigleux bouillonnant de bile.
Un p'tit baveux bourrant le bataclan.
Une biche bourrée de bile.
Une brève bursite.
Une batifolante beuverie.
Une bête barque.
(Tout ça pour Brigitte Bardot...)
Dussé-je me répéter, la lettre B est *très sensible.*
Est-ce chaleur, est-ce fatigue qui fait de nous des êtres liés ? Je pense à toi, patrie de mon cœur, œuvrant consciemment ou non à la construction de mon esprit. La métamorphose m'est bonne. Bonne et surtout salutaire. Je ne ressens plus le besoin de chercher car je suis à jamais égarée.
Grondons-nous en cœur. Oublions aussi les traits d'unions pour ne fredonner qu'une seule courbe. Ils disent aussi que la vitesse tue. Ils ne savent pas de quoi ils parlent.

Le déchet délicat. Culte des grands ébats. Cuite des grands dégâts. Je m'abandonne sans fin à une quelconque faim. Des luzernes attachées au cou des malins. Du pain légèrement rassis en demeure du partage.
Concentrer l'inutile et aimer le néant.
C'est en fumant qu'on devient fumeron.
C'est en parlant qu'on devient parleron.
C'est en valsant qu'on devient balcon.
C'est en songeant qu'on devient singerie.
C'est en aimant qu'on devient aimable.
C'est en *egu sum via* qu'on devient egosumviable.
Il a peut-être raison. Il a. Il. A. Illiade. Odyssée.
Odyssons-nous en cœur. Avec beaucoup, beaucoup, beaucoup de cœur. Et pas trop de persil.
Épuisé comme un bœuf.
Vidé comme une rose.
Pété comme la cerise de la virginité.
Mon écorce avivée.
Mon navire chaviré.

Mon chagrin de beauté.
Mon câlisse épouvanté.
Mon héros atrophié.
Mon orgue désaccordé.
Mon plancton exhumé.
Mon hermaphrodite masculin.
L'étrange est béni.
Car je me lave tous les jours.
Il compare les navets avec les nacelles.
Ce n'est rien.
Un canot plein de trous et une râpe hermétique.
J'observe les lettres grandir et rapetisser au gré de mes inconvénients. Même chose pour les croyances, les espoirs, le labeur, les amours. Et que je te fasse de grands gestes et que tu me fasses de grands mots. Noyons-nous ensemble vers l'immergence des rescapés des presqu'îles.
Je me souviens de ceci et de cela et cela n'a aucune importance.
On ne peut pas tout avoir mais on peut tout donner.
On dit que les gens heureux n'ont pas d'histoire et que deux têtes valent mieux qu'une.

Ainsi, soyons soumis et neufs, puisque cela semble être la seule solution, le seul appel. Le travail comme victoire.
Les murs de l'enceinte intérieure cédaient tout doucement sous le poids des asseyants qui s'essayaient assez assis.
Quelques dizaines de refrains, une douzaine de citations, un ou deux petits principes, dix-neuf pinceaux. Voilà tout mon trousseau. Et je trousse et retrousse mes ineffables manches. Une centenaire décoiffée passe sur le trottoir accompagnée de sa mère. Sa mère est folle. La mer. Un beau cliché à Clichy. On a même plus besoin de se forcer pour vieillir. J'avale d'la marde. J'ouvre les doigts. Je les referme et je t'aime. Ça rime en crime. Car c'est un vrai crime accompli chaque jour que de travailler la matière. La misère. Que de nous travailler.
Je regarde les voisins d'en face regarder jouer leur enfant. Je leur trouve l'air idiot et attendri. Ils rient et parlent de je sais quoi bruyamment. Ils applaudissent les premiers pas de leur descendant.

Il porte une petite calotte blanche, un chandail à manches courtes rayé de rouge et de blanc, des bottillons et des culottes vertes…
Je croise des Juifs et je peins des murs. Je mange des salades et des sandwichs et je bois de la bière. J'ai vingt-cinq ans. Je porte des jeans et un chandail à manches courtes noir. Parfois, je me trouve l'air idiot et attendri.
Demain, je travaillerai et je vaincrai. Avec ou sans S.
Mon ami donné… il est un peu raide parfois… Il y a des diachylons qui ne pansent aucune plaie. Ils sont et restent, simplement. Virevoltant doucement afin qu'on ne les désapprenne pas et qu'on puisse se dire, en les regardant, qu'il y a aussi des moments si beaux que les larmes nous montent à la poitrine comme un seul homme et qu'on en oublie les succédanés de toutes sortes que l'on sert si souvent, croyant par là découvrir de nouvelles saveurs qui se résument toutes à une seule : vanille.
« Avanie et framboise… »

Et nos destins flamboyants et piteux se font une fleur fanée à l'idée immortelle de l'immortalité. Elle ne nous a rien demandé. Comme un paquet de troubles avant la destruction.
À comprendre trouble de troubler. En français interné. J'éructe mes joies et je sue mes amours mortes. Je suis la col bleu transitoire. Mon âme se dévergonde et je surabonde, pas affamée pour deux sous, glacée de noir de charbon desséché.
Un drame se joue à la cachette de nos correspondances dénudées.
Trop de parures bêtes. Je suis innocente. Dans le sens québécois :
« T'é ben innocente... »
Il faut que j'apprenne à vivre.
Il faut que j'arrête de maudire.
Il faut que j'arrête de sacrer.
Il faut que je fauche la faux funeste de mes folies.
Il faut que je me taise.
J'aimerai envoyer des faire-part pour indiquer

aux gens que je suis morte et que ma *ressuscitation* tarde un peu à mon goût. Le goût qui – dussé-je me répéter – n'est qu'une question d'habitude.

Nous sommes tous des exutoires. Voilà pourquoi nous ne durons pas, voilà pourquoi nous ne *pouvons* pas durer.

En attendant ma tourte est grise même s'il n'en est plus, et les plumes de la queue des coqs impitoyablement rouges.

N'être plus jamais malade.

Rayer toutes les tapisseries, n'enfanter que des ruines, rester hagards.

Nos déserts ne sont que des flèches déguisées.

Nos sécheresses des mers en jachère.

Ni saint ni damné : assassins.

Bien plus de pain sur les planches et d'oies blanches dans les cœurs.

La gloire est humaine : ils l'ont tous désertée.

En plein milieu.

De quel milieu êtes-vous ? Du milieu court ou du milieu long ?

Du millionnaire. Alors venez donc vous

défaire les muscles chez moi, cela me ferait un *grand* plaisir.

« Apodictique : Qui a une évidence de droit et non pas seulement de fait. » Dixit le Petit Robert.

Hélas, il n'y a pas d'évidence. Il n'y a pas de droit. Il n'y a que des faits. Des faits divers. Et l'hiver est si long par ici.

Note biographique

Geneviève Desrosiers naît à Montréal le 3 février 1970. En 1989, elle écrit une pièce de théâtre intitulée *Tourni Coti, Tourni Cota*. Entre 1990 et 1996, elle se consacre aux arts visuels et participe à de nombreuses expositions. L'essentiel de sa production littéraire s'étend de 1994 à 1996. Elle meurt à Montréal en mars 1996. *Nombreux seront nos ennemis*, recueil posthume de ses poèmes, a été publié pour la première fois en juin 1999 par L'Oie de Cravan.

Repères

* Nous – Première parution dans *Arcade*, n°33, printemps 1995.

* Bienvenue 2 – Mis en musique par Dominique Lupien dans le cadre du huitième concert de la série *Contraste* à la chapelle Bon Pasteur, 15 avril 1997.

TABLE DES TITRES

Ce troisième tirage de
la troisième édition de
Nombreux seront nos ennemis
a été achevé d'imprimer à Gatineau
sur les presses de l'imprimerie Gauvin
pour le compte de L'Oie de Cravan éditeur
au mois de mai deux mille seize.

L'Oie de Cravan
5460 rue Waverly
Montréal H2T 2X9
www.oiedecravan.com

Les Oies de Cravan naissent des mâts pourris des navires perdus au golfe du Mexique.

Louis Scutenaire